8

LN27

41927

(Conserver la couverture)

VIE
DE
Divitiac

DRUIDE ET CHEF ÉDUEN

LETTRE
à Monsieur PERRIER, Maire d'Autun

PAR

ARTHUR DE GRAVILLON

AVEC UNE PHOTOTYPIE *(jusài.)*

« Avez-vous lu Baruch ? »
— Connaissez-vous Divitiac ?

LYON
ALEXANDRE REY IMPRIMEUR
4, RUE GENTIL, 4
—
1893

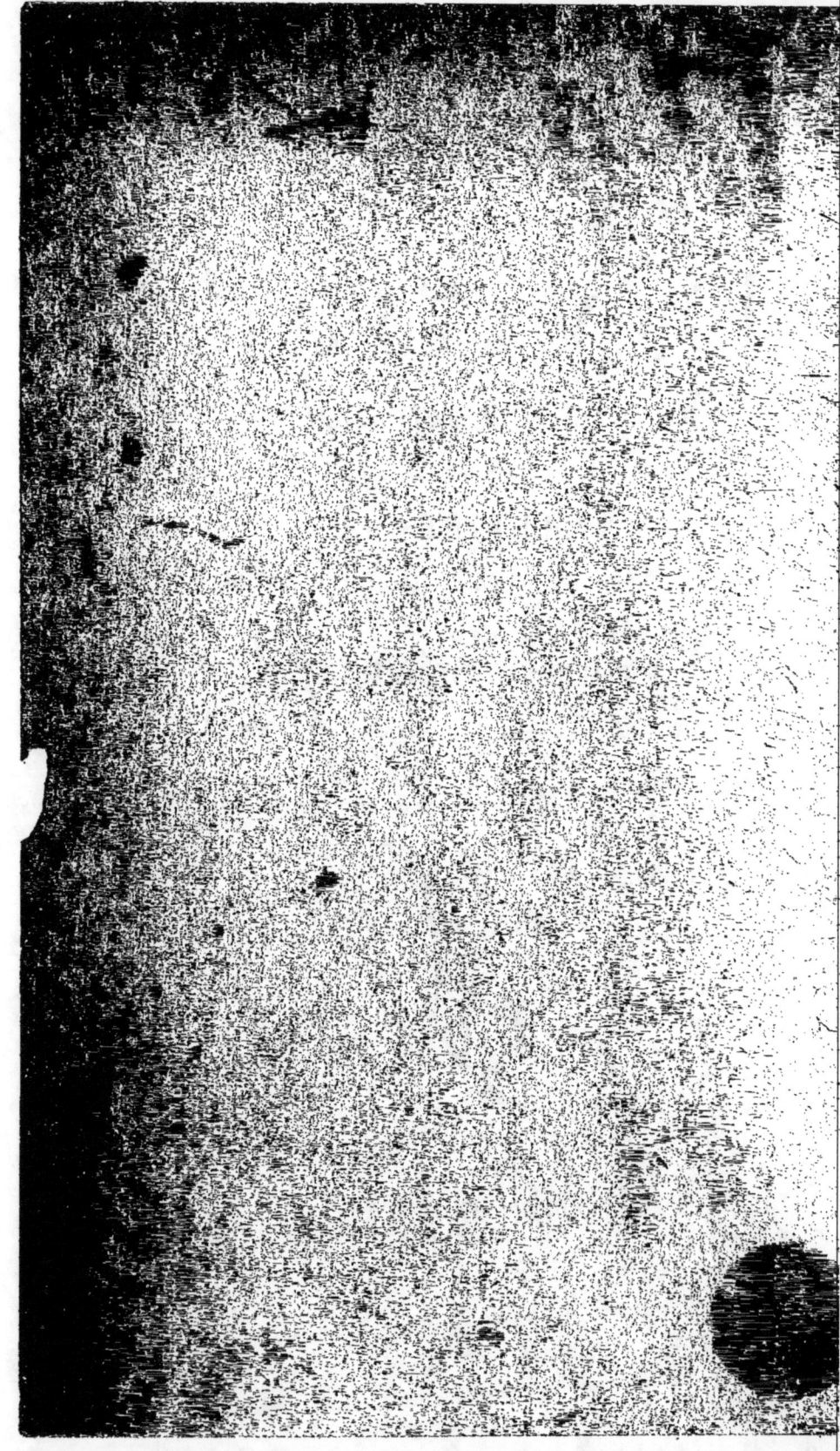

VIE
DE
Divitiac

DRUIDE ET CHEF ÉDUEN

LETTRE

à Monsieur PERRIER, Maire d'Autun

PAR

ARTHUR DE GRAVILLON

AVEC UNE PHOTOTYPIE

« Avez-vous lu Baruch ? »
— Connaissez-vous Divitiac ?

LYON
ALEXANDRE REY IMPRIMEUR
4, RUE GENTIL, 4
—
1893

Lettre communiquée à M. Dupuy, Président du Conseil, en souhaitant qu'elle puisse servir comme simple document au recueil qu'il a ordonné (étant Ministre de l'instruction publique), des biographies de tous les hommes ayant illustré ou honoré la patrie française, — et parmi lesquels se trouve le grand-père maternel de l'auteur, Camille Jordan.

NOTA. — Tous les mots et toutes les phrases entre guillemets sont des citations textuelles du livre des *Commentaires* de César, cette bible de la guerre des Gaules.

Monsieur le Maire,

En vous remerciant de l'honneur et du plaisir que vous m'avez fait d'accepter, pour une des places de la ville d'Autun, ma statue de Divitiac, l'ancien chef militaire et druide éduen, je crois bon de compléter mon œuvre, — de la dresser moi-même sur son piédestal, — en vous exposant ce que fut historiquement et politiquement notre héros gaulois.

Sans doute, depuis près de vingt siècles qui pèsent sur sa cendre, il a été quelque peu oublié, méconnu même, jusqu'en son pays natal; il est, en outre, généralement mal jugé par nombre d'historiographes, — ami de César qu'il était, — avant la conquête des Gaules... Mais César n'avait point encore révélé ses projets; et Cicéron pouvait dire de ce jeune débauché, pourtant ambitieux, dans lequel Sylla, qui l'épargna, à la prière des Vestales, « entrevoyait plusieurs Marius » : — « Quand je regarde sa chevelure si artistement arrangée, quand je le vois se gratter la tête du bout de son doigt, je ne puis croire qu'un tel homme songe à renverser la République. » Parole curieuse à rapprocher du cri railleur de ses légionnaires lorsqu'il revint, empereur, triompher au Capitole :

« Maris de Rome, gare à vous ; nous vous ramenons le galant chauve ! »

Mais au temps qui nous occupe, il importe de rappeler que l'on était en pleine République ; Rome possédait déjà Marseille et la Provence, ou province de la Gaule méridionale, *provincia nostra*; les peuples Éduens, sans cesse menacés par les Germains, comme par les Séquanais (Francs-Comtois), leurs voisins, avaient été contraints de faire un traité d'alliance, maintes fois ratifié par les sénatus-consultes, avec les Romains qui les nommaient : « amis et frères », *Edui fratres nostri;* l'ennemi commun, l'ennemi héréditaire, c'était le Germain, — et, certes, l'appel que fit alors Divitiac aux armées de la République, était d'urgence un appel patriotique.

Quoique druide, Divitiac ne pouvait prévoir l'avenir, ni deviner la secrète pensée « qui roulait dans l'âme immense de César. », et puis, somme toute, ne valait-il pas mieux encore pour les Gaulois, — comme pour nous leurs descendants, —

passer par la civilisante domination romaine que tomber sous le brutal asservissement teuton !

Pour vous ressusciter, moralement, Divitiac, — après avoir tenté, plastiquement, d'en évoquer la forme ou le fantôme, — permettez-moi d'emprunter quelques notes à la biographie que va publier prochainement un de vos savants compatriotes, M. Ph. Chanliaux, fondateur du journal *La Gaule*, et de rouvrir le livre des *Commentaires de César* pour y relever tout ce qui a trait au grand Gaulois.

Divitiac est né l'an 110, avant l'ère chrétienne, — juste dix ans après César, aux environs de *Bibracte*, l'*oppidum* ou l'*emporium* du mont Beuvray, si profondément fouillé par l'éminent président de la Société éduenne, M. J.-G. Bulliot. Est-ce à dire que l'emplacement actuel de la cité d'Autun, *Augustodunum*, n'était pas occupé avant Auguste et même César ? Il me paraît difficile d'admettre qu'un tel lieu ne fût point tout d'abord choisi pour l'établissement d'une ville, — autrement accessible et pratique que les hauteurs ardues du mont Beuvray, — où César n'aurait assurément pas pu hiverner, — sous les neiges, — comme il le consigne à la dernière page de ses Commentaires. La vraie Bibracte était-elle là-bas, ou là-haut ? ou bien en existait-il deux, la cité militaire, et la ville marchande ? Cette question enfonce son point d'interrogation, tordu comme une vrille, dans la nuit noire du passé, et nous devons laisser aux archéologues de l'avenir le soin et le souci de l'en tirer [1].

Divitiac n'en n'était pas moins issu d'une famille souveraine. Son nom seul témoigne de la grandeur de sa race : *Di* signifie lumière, divinité ; *Vi*, œuf, naissance, et *Tiac*, paternité, postérité ; il prétendait descendre en droite ligne de Pluton, c'est-à-dire remonter au dieu même des enfers... Ainsi César se vantait de tenir, par sa branche maternelle, au premier roi de Rome, Ancus Martius, et par sa branche paternelle, à Vénus, « fille de l'onde amère ».

Divitiac fut élevé au collège des Druides, qui était le collège des Jésuites de l'époque. On y enseignait, durant vingt années, oralement et en vers grecs, toutes les sciences, depuis la botanique jusqu'à l'astronomie ; depuis l'agriculture jusqu'à la géographie ; depuis la médecine jusqu'aux mathématiques. On y pénétrait également les jeunes âmes de l'idée de leur immortalité future, ou renaissance dans d'autres corps, en des vies

---

[1] N'a-t-on pas trouvé au fond d'un puits d'Autun (le puits de la Vérité !) une médaille d'or avec cette inscription : *Deæ Bibracti?*

successives..., ce qui les rendait vaillantes et fortes. Malheureusement, jésuitiquement aussi, on y propageait la folle croyance d'une faute originelle, — rachetable par un crime réel, — et on y pratiquait en conséquence l'horrible office des sacrifices sanglants.

Il est bien permis de penser qu'un esprit supérieur comme celui de Divitiac sut s'élever au-dessus de ces absurdités et de ces atrocités, lesquelles n'avaient, comme toujours, d'autre but, que de terroriser les peuples, afin d'en extraire le plus de richesses possibles au profit des prêtres.

A peine sorti de l'école des *Druides*, dont il devint suprême dignitaire, Divitiac, en sa double qualité de *chevalier*, fut lancé dans la vie politique et guerrière ; nommé bientôt *vergobret* (charge annuelle), premier magistrat et gouverneur de la cité éduenne.

Les Germains, ou Suèves, qui avaient pour roi Arioviste, le Guillaume du temps, cherchant à envahir de plus en plus le territoire des Gaules, où ils avaient rencontré des peuples assez lâches, comme les Séquanais et les Arvernes (Auvergnats) pour se lier à eux par l'envoi d'otages, et l'échange de serments, les braves Eduens, sur le point de succomber, se hâtèrent de députer à Rome Divitiac, pour y solliciter l'assistance de leurs puissants alliés ; il partit, et parut, devant le Sénat, et, « comme on l'invitait à s'asseoir, raconte, trois siècles après, le rhéteur Euménicus d'Autun, il préféra parler debout appuyé sur son bouclier » *scuto innixus peroravit.*

C'est dans cette noble attitude, revêtu à la fois, de ses insignes de druide et de chef militaire, avec son long manteau et ses bandelettes sacrées, son casque à ses pieds et son glaive à sa droite, que j'ai cru devoir le représenter.

Mais il n'obtint rien encore, que l'estime de Cicéron, lequel le désigne dans ses lettres comme « l'ayant connu » pour « un hôte aimable, et un remarquable esprit » ; il gagna surtout la sympathie de César qui devait plus tard se l'attacher d'amitié.

Arioviste n'avait-il pas eu la ruse et l'habileté de contracter aussi une alliance avec Rome ? César, consul, lui avait même conféré le titre de roi et d'ami ; de plus, l'attention des Romains et leurs forces étaient absorbées par des luttes intestines : Catilina conspirateur, après Sylla dictateur. Les intrigues de Pompée, avec les entêtements de Caton, suffisaient, d'ailleurs, à paralyser tout élan. César, seul, écouta et retint le discours de Divitiac ; « dans cette âme qui cachait de profonds desseins » (Sylla) et « des projets ambitieux » (Cicéron), germa soudain le désir secret de s'emparer un jour de la Gaule, pour, échappant à ses rivaux et à ses créanciers, y puiser de quoi payer ses énormes dettes et acheter ensuite, par l'or et par la gloire des armes, l'empire entier de l'univers.

Nommé, rapidement, questeur, édile, pontife, préteur et consul, il brigua et obtint, malgré les opposants, en deux fois, pour dix ans, le gouvernement des provinces Transalpines. « Et celui-là qui, dans la pitoyable agitation de Rome, au milieu d'une société tombée si bas que Pompée et Cicéron s'en trouvaient les deux héros, s'exila pour revenir maître, fut assurément un grand homme. J'aurais voulu voir cette blanche et pâle figure, fanée avant l'âge par les débauches de Rome, cet homme délicat et apoplectique, marchant sous les pluies de la Gaule, à la tête de ses légions, traversant nos fleuves à la nage, ou bien à cheval, entre les litières où ses secrétaires étaient portés, dictant quatre, six lettres à la fois, remuant Rome du fond de la Belgique, exterminant sur son chemin deux millions d'hommes, et domptant, en dix années, la Gaule, le Rhin et l'Océan du Nord [1]. »

[1] *Histoire romaine* de Michelet.

Quant à Divitiac, tristement revenu dans son pays ravagé, il fut tout naturellement le premier à saluer César comme libérateur, — sans même soupçonner ni ses « desseins profonds » ni « ses projets ambitieux ».

Les Helvètes (Suisses allemands) eux aussi s'étaient ébranlés. — En ces siècles vagabonds, tous les peuples étaient pris en masse de ce désir de voyage et de ce besoin de migration qui de nos jours tourmente les individus; au nombre de trois cent soixante dix-huit mille, compris les femmes et les enfants, brûlant leurs douze villes et leurs quatre cents bourgs et détruisant derrière eux les moissons, pour s'interdire à jamais le retour, les Helvètes descendaient comme les flots du torrent de leurs sauvages montagnes, impatients de s'épandre sur les plaines fertiles de la Gaule jusqu'à l'extrême Occident, — chez les Santons (Saintonge); or, il n'y avait pour eux que deux routes possibles, l'entrée étroite par la Séquanie, entre le Jura et le Rhône, ou bien le large accès par la province Romaine. César, informé de leur marche, part de Rome, et se rend « à grandes journées » dans la Gaule citérieure ou cisalpine; il arrive à Genève, ville des Allobroges, et commence par construire une muraille gigantesque allant du lac à la montagne;

il défend ensuite aux Helvètes la traversée de la Saône en jetant par dessus bords, en un seul jour un pont, étonnement de l'ennemi qui en avait mis vingt à établir le sien; disperse le quart de leur armée surprise sur une rive; et entre en pourparlers avec Divicon leur chef, celui-là même qui avait antérieurement massacré Cassius et sa légion. La forfanterie de ce général irrita César, déjà « ému » par les plaintes réunies des Éduens, des Allobroges et des Ambarres, pays ruinés où « il ne restait que le sol des champs. »

La guerre aussitôt déclarée, apparaît Dumnorix, jeune frère de Divitiac, ne lui ressemblant nullement; avide et intrigant, jaloux de son aîné qui le protégeait cependant, et « haïssant personnellement César » qui l'avait accueilli dans son camp. Rapidement enrichi par les impôts et les péages dont il s'était fait donner le monopole, il se servait de son or pour corrompre les Éduens, en aspirant au souverain pouvoir. Dans ce but, trahissant son pays, il avait soudoyé les Séquanes, et s'était marié à la fille d'Orgétorix, roi des Helvètes, tous les deux s'accordant pour la domination de la Gaule. Bien qu'enrôlé dans l'armée de César, il s'enfuit le matin d'une bataille, avec sa cavalerie, ce qui entraîna un échec partiel : il avait, en outre, demandé et obtenu pour les Hélvètes le libre passage par le pays des Séquaniens ; plus encore, César attendant vainement des Éduens, ses alliés, l'envoi des blés promis pour l'alimentation de ses troupes, convoque les principaux d'entre eux, dont Divitiac et Lisc, son successeur comme vergobret, et leur reproche cet inexplicable retard. Divitiac reste silencieux, mais « Lisc déclare ce qu'il n'avait encore osé révéler » : la trahison de Dumnorix : c'est lui qui avait empêché l'expédition des blés et des fourrages ; César, courroucé, contre Dumnorix, « mais qu'une seule considération retenait, l'attachement de son frère Divitiac au peuple romain, son dévouement pour lui, sa fidélité à toute épreuve, sa justice, sa modération », se retourne vers lui et, avant d'ordonner le châtiment du coupable, le fait lui-même juge de sa conduite. « Divitiac, tout en pleurs, embrasse César et le conjure d'épargner son frère ; il s'efforce de l'excuser tout en reconnaissant son crime, et dit : « On sait l'amitié qui me lie à vous ; si vous sévissez contre lui, tout le monde me croira l'auteur de son supplice et je verrai s'éloigner de moi le cœur des Gaulois. » Il parlait encore et versait d'abondantes larmes ; César lui prend la main, le rassure, l'engage à cesser ses prières et lui dit qu'il fait assez de cas de son amitié pour sacrifier à sa justice le ressentiment des injures faites aux Romains et à lui personnellement ; il mande Dumnorix en présence de son frère, le confond de sa colère, et néanmoins lui pardonne « en faveur de Divitiac », mais il le fait garder à vue pour être instruit de ses propos et de ses actions.

Il faut relire dans les *Commentaires* le récit de cette vaillante campagne débutant par cette phrase poétique : « Le jour commençait à paraître. T. Labienus s'était emparé du sommet de la montagne, etc., etc. » Ce Labienus était le premier des lieutenants de César qui se tourna contre lui dans la guerre d'Orient, fut vaincu à Pharsale, et périt misérablement en Espagne, avec les derniers débris de l'armée de Pompée.

La grande bataille avec les Helvètes s'engagea non loin de Bibracte, « la plus riche des villes éduennes ». « César renvoya son cheval, ainsi que tous les autres, et combattit à pied pour rendre le péril égal et la fuite impossible. » « On le reconnaissait, dit-il ailleurs, à la couleur du vêtement qu'il avait l'habitude de porter dans les batailles »... à *sa tunique grise*, peut-être ! Ce jour-là, les Gaulois firent merveille : bien qu'enchevêtrés de javelots qui se recourbaient dans leurs armures trop pesantes, « pas un ne tourna le dos ». Les Helvétiens furent battus. Six mille, qui essayaient de s'enfuir après s'être rendus, furent *traités en ennemis*, massacrés, et César contraignit les cent dix mille survivants (de trois cent soixante-dix-huit mille qu'ils étaient) à retourner dans leur pays et à y rebâtir leurs villes.

Tous les Gaulois félicitèrent César qui, « en faisant la guerre à l'Helvétie, avait voulu venger d'anciennes injures ; mais la Gaule, disaient-ils, n'en profitait pas moins que Rome. »

Dans une grande assemblée, « tous se jetèrent à ses pieds, implorant instamment le secret et réclamant sa bienveillance pour l'objet de leur demande ; car, si leur démarche était connue, ils devaient s'attendre aux plus cruels tourments. » L'Éduen Divitiac prit la parole ; c'était le seul qui, en effet, avait toujours refusé de donner des ôtages « au tyran superbe et cruel Arioviste, homme féroce, emporté, furieux », « qui faisait périr dans des supplices affreux les enfants des plus nobles familles qui lui avaient été livrés, au moindre événement qui contrariait ses désirs ou ses ordres ». Exceptionnellement libre de raconter les malheurs de la Gaule, Divitiac les exposa dans leur lamentable réalité... et, lorsqu'il termina, « tous les assistants fondirent en larmes, en implorant encore une fois, le secours de César ». « Les Séquaniens seuls, dans un morne silence, restaient tristes, abattus, attachant leurs regards sur la terre », et comme César s'en étonnait, ses questions demeurant sans réponse, l'Éduen Divitiac s'écria : « Tel est leur sort, plus déplorable encore que celui des autres Gaulois ; ils n'osent même se plaindre, ni réclamer aucun appui, ayant livré leurs enfants et leurs villes aux Germains, liés qu'ils sont par des serments, et les voilà tremblants au nom terrible et à l'ombre lointaine d'Arioviste ! »

« César, instruit de ces faits, relève par quelques mots le courage des Gaulois et leur promet de veiller sur leurs intérêts. Leurs plaintes, et *plusieurs autres motifs*, engagent César à prendre cette affaire en grande considération ; il avait promis son assistance aux Éduens et il voyait combien il était dangereux pour Rome même de laisser ainsi les Germains, peuples GROSSIERS et BARBARES [1], s'habituer à franchir le Rhin pour s'installer dans la Gaule, à côté de la Province romaine. »

D'abord, César essaya de traiter avec Arioviste, son obligé, en lui envoyant des députés qui revin-

---

[1] Il répète ces mots deux fois dans le même chapitre.

rent humiliés par l'orgueilleuse insolence de ce roi ; ils retournèrent avec de nouvelles instructions, mais Arioviste les défia de vaincre « une nation aguerrie, indomptée, et qui, depuis quatorze ans, vivait en plein air ».

L'armée romaine s'avance ; en trois jours elle est à *Vesontio* (Besançon), capitale des Séquanais, dont elle s'empare. « La rivière du Doubs l'environne presque tout entière et décrit un cercle à l'entour ; l'intervalle qu'elle ne baigne point est couvert par une haute montagne, dont la base touche des deux côtés aux rives du Doubs » ; mais là, dans cette position forte, voici que les questions des soldats, et la réponse des marchands ou des voyageurs, et des Gaulois eux-mêmes, au sujet des Germains, — ces géants blonds et sanguinaires, hideux dans leur peau, et de peaux de bêtes à demi revêtus, — répandent une si profonde terreur, qu'elle traverse tous les cœurs ; elle gagne les tribuns, les préfets et les centurions. Les uns demandent à se retirer ; d'autres retenus par la honte, ne restent que pour gémir, et couchés sous leurs tentes, ils y font d'avance leur testament... Peu à peu les plaintes et la peur deviennent générales « et l'on pouvait craindre même qu'au moment où César donnerait l'ordre de lever le camp les soldats effrayés refuseraient de se mettre en marche ».

A la vue de cette consternation universelle, César réunit le conseil de ses centurions, et comme plus tard Charlemagne, dans la *Légende des siècles* de Victor Hugo[1], en perspective du siège de Narbonne, il leur fait honte de leur faiblesse et de leur abandon.

> « Ils refusèrent tous.
>   Alors levant la tête,
> Se dressant tout debout sur ses grands étriers,
> Levant sa large épée aux éclairs meurtriers,
> Avec un âpre accent plein de sourdes huées,
> Pâle, effrayant, pareil à l'aigle des nuées,
> Terrassant du regard son camp épouvanté,
> L'invincible César s'écria : Lâcheté ! »

Il leur rappele leurs précédentes victoires ; celles de son oncle Marius sur les Cimbres et les Teutons ; leur reproche sévèrement de douter de lui, leur général, ou de discuter ses commandements ; il achève en leur déclarant que s'ils s'obstinent à ne pas vouloir le suivre, « il partira seul avec sa dixième légion, dont il est sûr ».

Ces paroles firent dans les esprits un changement

---

[1] Victor Hugo, né à Besançon, avait-il donc entrevu de génie la colère sublime de César, dont il a fait Charlemagne ?

merveilleux ; elles inspirèrent subitement à tous une vive ardeur et le désir de combattre.

« César reçut leurs excuses » et, « après avoir questionné, sur le chemin, Divitiac, celui des Gaulois qui avait le plus sa confiance », il marcha, bon pas à la rencontre des hordes hideuses d'Arioviste.

« Dans une plaine spacieuse, à une distance à peu près égale des deux camps, s'élevait un tertre assez étendu ; ce lieu fut choisi pour un entretien préalable entre les deux chefs ». Inutile de citer les propos échangés, les revendications de César et les prétentions d'Arioviste ; ce dernier affirmait hautement son droit de domination sur la Gaule entière sauf la province romaine : — « *J'ai ma Gaule à moi, comme vous avez la vôtre!* » disait-il. Il ajoutait « savoir qu'en tuant César il s'attirerait la faveur et l'amitié de plusieurs grands de Rome »..., et de fait, il tenta une soudaine surprise, « Ses cavaliers se rapprochèrent du tertre en lançant des pierres et des traits »..., aussitôt, « César se retira avec calme, pour ne pas même paraître s'apercevoir de cette odieuse perfidie ».

Après la nouvelle lune [1] le combat s'engagea

---

[1] Les femmes germaines, chargées de consulter l'augure, avaient déclaré que leurs maris « ne pouvaient être vainqueurs s'ils combattaient *avant la nouvelle lune...* » — leurs *affaires*, sans doute, devaient se régler sur *les leurs*...

et dura « jusqu'au coucher du soleil »; les Germains furent culbutés, repoussés vers le Rhin, et Arioviste ne dut son salut dans la fuite qu'à une barque perdue sur la rive...

César, ayant ainsi terminé deux grandes guerres en une seule campagne, laissa son armée sous le commandement de Labienus, à Vesontio, et se retira, pour l'hiver, dans l'Italie septentrionale, ou Gaule cisalpine.

Lorsqu'il apprit par le bruit public et aussi par les lettres de Labienus, que les Belges, tous — *issus de Germains*, — et qui occupaient un tiers de la Gaule, s'avançaient contre les Romains, sollicités par nombre de Gaulois qu'indignaient l'occupation prolongée de leur territoire. César mentionne à cette occasion, « la perpétuelle agitation des esprits et la mobilité continuelle des caractères gaulois; leur inconstance, leur amour de nouveauté et de changement, leur crédulité[1] ; comme aussi leur promptitude à combattre et leur incapacité de supporter les revers. Ah ! c'est encore nous, et que César nous jugeait bien !

---

[1] « La nation gauloise est la plus superstitieuse de toutes », dit-il encore, — ce qui suffit à expliquer la si prompte et première réussite des Grecs Pothin et Irénée, à Lyon...

Rapide comme la foudre, il arriva sur la frontière des Belges. Ceux-ci, qui s'étaient avancés et exposés à plusieurs défaites, se retranchèrent, pour plus de sûreté, sur leur propre territoire, et ce qui les décida, ce fut la nouvelle que Divitiac et les Éduens approchaient du pays des Bellovaques, leurs amis : « Ils ne purent retenir plus longtemps ces derniers et les empêcher d'aller défendre leurs foyers. »

Précisément nous retrouvons Divitiac auprès de César, à cinq mille pas de leur cité *Bratuspantium* (Beauvais) : « Tous les vieillards sortirent de la ville en tendant leurs mains suppliantes et criant qu'ils se rendaient, ne voulant point faire la guerre aux Romains ; et quand César se fut approché des murs pour y établir son camp, les femmes échevelées, le sein découvert, et leurs enfants avec elles, élevèrent leurs bras nus et leurs cris déchirants au-dessus des remparts pour demander la paix ; — ce fut encore le bon Divitiac qui parla en leur faveur en les représentant comme ayant été trompés sur le véritable sort fait aux Gaulois ralliés [1], César répondit que « par égard pour Divitiac et les Éduens il acceptait leur soumission et leur laissait la vie. »

[1] César usait avec eux de beaucoup de douceur, leur conservant leurs usages, leurs religions et leurs lois, et leur faisant sentir le moins possible le tranchant de la *hache romaine*.

Je n'ai pas à narrer la suite de cette longue campagne contre les Belges, laquelle se termina par leur écrasement et la pacification de la Gaule (dès que ces événements furent connus à Rome on décréta quinze jours d'action de grâce aux dieux!) je n'ai point à parler, non plus de toutes les entreprises qui lui succédèrent sous le commandement des lieutenants de César, Cassius ou Galba, contre une cinquantaine de petits peuples ou peuplades, — puisque, nulle part, nous n'y revoyons figurer Divitiac.

Seulement au quatrième livre des *Commentaires*, « l'hiver à peine fini, et César ayant rejoint son armée, plus tôt que de coutume », il nous apprend, ô infamie! « que plusieurs peuples de la Gaule avaient député vers les Germains pour les inviter à passer le Rhin, en se déclarant prêts à leur donner tout ce qu'ils demanderaient... »

Après une nouvelle lutte, entremêlée de quelques revers, César repoussa victorieusement cette seconde invasion, et il se décida à franchir, lui-même, le grand fleuve qui s'allonge éternellement sur le sol comme un glaive ensanglanté, entre la Gaule et la Germanie, — la France et l'Allemagne!... César ne mit pas plus de dix jours à jeter un pont de bois sur le Rhin (aux environs de Cologne?) travail dont il nous a laissé la saisissante description ; mais il ne passa que dix-huit jours en chasse vaine, dans l'immense forêt d'Hercynie [1], où s'enfuyaient et se dérobaient sans cesse devant lui l'horrible troupeau des loups Teutons... « Croyant avoir assez fait pour sa gloire et l'intérêt de Rome », il fit rompre le pont du Rhin, et rentra dans les Gaules, pour s'y préparer à voguer sur la mer du Nord, et à envahir l'île sacrée de la Grande-Bretagne.

« C'était alors la pleine lune, époque de la plus haute marée de l'Océan, et nos soldats l'ignoraient. » Après un premier débarquement, et la perte de plusieurs navires, il revint dans la Gaule, ramenant quelques otages. — Puis, il se rendit en Italie, où il prit ses quartiers d'hiver », donnant l'ordre à ses lieutenants [2] de construire une nouvelle flotte (une véritable *Armada*, comme celle de Philippe II !) — et, justement, en « faisant venir d'Espagne tous les agrès nécessaires à son équipement ».

Ces vaisseaux, — huit cents navires, galères ou barques, — étaient rassemblés au port d'Itus

---

[1] Cette forêt commence aux frontières des Helvétiens et s'étend le long du Danube jusqu'au pays des Daces. « Il n'est point de Germain qui après soixante jours de marche puisse dire où elle finit ni savoir où elle commence... » *Commentaires de César*, livre VI.

[2] Parmi lesquels était *Munatius Plancus*, le fondateur de *Lugdunum*, Lyon.

(Douvres ou Calais?) attendant l'arrivée de César, pour sa seconde traversée. C'est là que reparaît Dumnorix, le jeune frère de Divitiac que César avait résolu de garder avec lui, malgré sa première défection, « considérant son caractère aventureux, son ambition, son courage, et le crédit dont il jouissait parmi les Gaulois ». Dumnorix se vantait même que César lui avait offert le gouvernement de la cité éduenne, Bibracte. — Toujours est-il qu'au moment de s'embarquer, il refusa de quitter la Gaule avec César, alléguant à la fois sa crainte de la mer et celle des dieux, — sa religion lui défendant de quitter le pays. Voyant que sa demande ne serait pas accordée, « il chercha à détourner les chefs gaulois, les prit à part, et les pressa de rester sur le continent ; il tâchait de leur inspirer des craintes, disant que ce n'était pas sans dessein que César avait dépouillé la Gaule de toute la noblesse, voulant faire périr, en l'île de Bretagne, ceux qu'il n'osait égorger à la vue de leurs frères ».

Averti de ses mensonges et de ses manœuvres, César, qui était resté vingt-cinq jours dans le port d'Itus, où le retenait « un vent du nord-ouest qui soufle habituellement sur cette côte », « s'appliqua d'abord à contenir et à ramener dans le devoir Dumnorix, en même temps qu'il observait ses démarches ». Enfin, « le vent étant devenu favorable, César ordonna aux troupes de s'embarquer », — mais, « au milieu du mouvement général, Dumnorix s'échappa du camp avec ses cavaliers, en prenant la route du pays éduen ». « A cette nouvelle, César suspendit son départ, et envoya promptement à sa poursuite une partie de sa cavalerie, avec ordre de le ramener ou de le tuer s'il refusait d'obéir... » Dumnorix bientôt atteint, fit résistance, l'épée à la main, et il tomba, s'écriant : « Je meurs, citoyen libre, d'un pays libre ! » Belle parole qui aurait pu expier et illustrer sa vie, si elle était sortie d'une bouche sincère !

Nul ne nous a fait savoir quel dut être le deuil de Divitiac, et si même il survécut longtemps à son malheureux frère ?

Mais il nous est parfaitement permis de supposer qu'il l'apprit, et parvint ensuite à un âge avancé, quoique, sans doute, retiré des affaires et du gouvernement de son pays. Personnellement attaché à César par les liens de la reconnaissance et de l'amitié, il n'en restait pas moins silencieusement consterné dans son chagrin de famille, comme dans sa douleur, de l'asservissement de la patrie !

César ne le nomme plus que deux fois : l'une pour mémoire, lorsqu'il expose au sixième livre, l'état de la Gaule et répète que « *Divitiac étant allé à Rome implorer le secours du Sénat, il était revenu sans rien obtenir ; l'arrivée de César changea la face des choses !* » et l'autre, après les dernières révoltes des Éduens et les rivalités de Cotus et de Convictolitan (pour lequel César prit parti) à la charge de vergobret ; il nomme, à cette occasion, Viridomare, le compagnon d'Eporédorix, « jeune homme de même crédit, mais de moindre naissance que son ami », mais « élevé par César, — sur la recommandation de Divitiac, — d'une condition obscure aux plus hautes dignités ».

On se souvient de l'ingratitude des Éduens, et de Livitiacus, le chef des révoltés, — des Éduens que César « avait toujours favorisés » et pour lesquels, après leur soumission, « sa bienveillance ne fut nullement diminuée ». — Comment se fait-il qu'au milieu de tous ces événements, Divitiac ne paraisse même plus ? Livitiacus put réussir à animer ses compatriotes contre César, en prétendant mensongèrement que celui-ci avait mis à mort Eporédorix et Viridomare, lesquels n'eurent qu'à se montrer hors du camp, pour faire tomber les armes des mains de leurs frères ameutés. Ceux-ci à leur tour, et plus tard Cotus, et Convictolitan lui-même, se retournèrent contre les Romains, partiticipant à leur massacre dans Bibracte, et se joignant à l'insurrection générale des Gaules, sans que nulle part Divitiac intervienne...

Le soulèvement de la Gaule entière, étant provoqué par l'Arverne Vercingétorix, fils de Celtill, tué par ses concitoyens pour avoir aspiré à la royauté, Divitiac ne se montre pas davantage ; c'est que, sans doute, il ne croyait pas plus au succès qu'à la franchise de ce faux fanfaron de gloire et de patrie, mu, uniquement, par son ambition personnelle et son envie de régner sur tout le pays [1]. Ses troupes ne se composèrent au début que « de vagabonds et d'hommes perdus », bande de brigands plutôt que de citoyens, joignant à une activité dévorante, une violence insensée, ce chef d'aventure, « contraignait ceux qui lui résistaient à lui obéir, par une sévérité extrême : il frappait les hésitants par la rigueur du châtiment, une désobéissance grave était punie par le feu et la torture ; pour d'autres fautes plus légères il faisait couper les oreilles et crever les yeux, et renvoyait les coupables afin que la grandeur des supplices avertît et effrayât les autres. »

[1] « Gobanition, l'oncle de Vercingétorix, et les principaux Arvernes ne voulant pas tenter la même fortune l'avait déjà chassé de Gergovie. »

« Au moyen de ces rigueurs il eut bientôt une armée. » — A son approche, les Éduens députèrent vers César pour qu'il les mît en état de résister à leur ennemis gaulois... Mais bientôt ils furent forcés d'obéir à l'entraînement national qui n'était qu'une crise trompeuse et une convulsion maladive, sous prétexte d'affranchissement ; le joug de César étant, certes, plus doux, et cent fois préférable à porter que celui des Germains, des Helvètes ou des Belges, leurs consanguins, qu'ils auraient par contre indubitablement subi !

Quant à Vercingétorix, après avoir essuyé de nombreux revers, à Vellaunodunum, à Génabum et à Noviodunum, il fit, dans sa fureur, incendier toutes les villes gauloises, sauf, à l'instante prière des habitants, la belle cité d'Avaricum (Bourges), sous les murs de laquelle il manœuvra de telle sorte, en se rapprochant de César, qu'il fut même soupçonné par les siens de lui avoir fait des avances pour en obtenir le commandement de la Gaule, auquel il aspirait... Il s'en défend de son mieux, et regagne la confiance ; dans une assemblée tenue à Bibracte, il se fait reconnaître comme général en chef, à la grande déception des Éduens qui « déplorent leur changement de fortune et regrettent les bontés de César ». — Où était donc Divitiac ? —

La guerre se prolonge, Vercingétorix résiste avec avantage à *Gergovie*..., il eut même la chance de surprendre, un jour, et de suspendre dans un temple l'épée échappée des mains de César, qui ne chercha pas ensuite, à la reprendre disant, « qu'elle y reste, elle est sacrée ! » mais il fléchit lâchement au siège d'*Alesia*, — et plutôt que de se tuer, — il préféra se rendre,, tourner honteusement autour du tribunal de César, en jetant, sans mot dire, toutes ses armes à ses pieds. Chargé de chaînes, il figura au triomphe final du vainqueur, et fut, le soir même, égorgé dans sa prison ; tandis que, « traversant les Alpes en chantant », ses meilleurs guerriers engagés dans les armées romaines, s'en allèrent de l'Italie à l'Orient, assister César dans ses luttes contre Labienus et Pompée, portant comme signe distinctif, en rappel de leurs champs natals, une alouette d'airain doré sur leurs casques : on les appelait la légion de l'*Alauda*.

Ces alouettes gauloises, suivant les aigles romaines, ne suffirent point, assurément, pour remémorer à César son ancien ami Divitiac. En Égypte, dans les bras de la rieuse et artificieuse Cléopâtre, il acheva de l'oublier ; et au milieu des fêtes délirantes de Rome, sous le *velarium* du Colysée, où combattaient les lions africains, alors qu'il remontait au Palatin, escorté de sa garde prétorienne, et traversant Rome, le soir, entre quarante éléphants chargés de lustres de cristal, — certes, il était loin de penser à Divitiac !..

Cependant, lorsqu'il tomba poignardé par Brutus et les sénateurs conjurés, au pied de la statue de Pompée, en l'an 44, — il avait cinquante-six ans [1], — et Divitiac, plus jeune de dix ans, n'avait, par conséquent que quarante-six ans.

Il est donc fort possible que Divitiac ait assisté, sous le règne suivant d'Auguste, à la reconstruction de la cité d'Autun, *Augustodunum*, — seconde Bibracte, — alors que l'*oppidum* ou citadelle, — l'*emporium*, ou marché, — du mont Beuvray, était définitivement abandonné... Parmi les auteurs anciens, Strabon, est le dernier qui mentionne celle-ci... — Tacite, le premier qui célèbre celle-là...— Or, tous deux vivaient juste au même temps, — l'un, né l'an 50, et l'autre, l'an 51 ; Divitiac, datant de l'an 110, avait une quarantaine d'années de plus que ces deux historiens, — et rien n'empêche qu'il ait vu, vieillard, les splendeurs de la nouvelle cité.

Pour moi, pauvre batelier sur le fleuve des âges,

---

[1] A peu près l'âge *terminus* d'Alexandre et de Napoléon.

qui a, depuis, coulé sous tant de ponts : pour moi, dis-je, lorsque je remonte les siècles et que je franchis l'espace, pour me rapprocher de l'antique cité d'Autun, comme elle se présente, aujourd'hui, sur les rives fleuries de la rivière d'Arroux, lorsque je l'aperçois dressant la dentelure inégale de ses clochers et de ses toits au-dessus des arbres tortueux de sa vaste plaine, un souffle me passe au cœur et je me sens saisi d'un frisson divin.

Sur son large plateau quadrangulaire, — qui a l'inclinaison d'un pupitre, — la ville est posée, — grande ouverte, enluminée de soleil — comme un magnifique et magique missel, — d'où pendent et flottent, de tous côtés, les signets, qui sont les routes ou les rubans frangés de vieilles maisons de ses faubourgs... Et quel plus beau motif au plain chant de l'enthousiasme que cette sublime cathédrale de la Nature qui la domine et l'enveloppe, en ayant pour grand autel du fond, le *mont de Jupiter*, — *Montjeu*, — avec son dôme de forêts verdoyantes et ses lacs supérieurs, miroirs du ciel, d'où descendent, par les aqueducs brisés ou les fissures de la montagne, le courant toujours pur et bouillonnant de ses eaux lustrales !

Je ne sais vraiment aucune ville plus impressionnante en ce monde, — toute dévastée, dépouillée, dégingandée, « vague et espanchée [1] » qu'elle est, à cette heure ; ruine de ruine, surchargée des baroques constructions du moyen âge et des vilaines bâtisses modernes... Mais il reste assez de l'Antique, — dans le circuit gigantesque de ses remparts bardés de grosses tours, ornés encore de leurs deux belles portes d'Arroux et de Saint-André — sur quatre jadis existantes ; — assez, dans l'excavation à demi recomblée de son théâtre, où les chèvres viennent brouter et bêler ; assez dans le massif, troué par les siècles, jauni par les soleils couchants, de son *temple de Janus*, qui a l'air, sur l'autre rive, de la regarder fixement, avec les noires orbites de son crâne vide ; assez enfin, dans les traces entrecoupées de ses rues romaines à travers les quartiers sordides et les terres de labour que renferme sa trop vaste enceinte actuelle [2], pour pouvoir s'imaginer ce que devait être l'éblouissement d'une pareille ville à son aurore !

S'il nous était donné de la revoir, telle qu'elle

---

[1] Expression de saint Julien de Balleurre, en 1575, alors que la muraille du *castrum*, construite avec les pierres provenant des temples anéantis et des tombeaux éventrés, enserrait dans son dernier retranchement la partie haute de la ville, comme le bandage d'une tête blessée... C'est en démolissant ce mur que l'on a trouvé le petit génie antique appuyé sur un tonneau, symbole de la cité marchande.

[2] Une superficie de près de deux cents hectares.

était autrefois, nous ne voudrions même plus l'apercevoir, à présent, — ou nous verserions « d'abondantes larmes », comme Constantin lorsqu'il vint la visiter, au commencement du quatrième siècle, quarante ans après le fond en comble de la terrible dévastation de Tetricus [1]. Quand même ! elle revit encore pour l'artiste et le poète, c'est-à-dire pour celui que révolte l'action destructive du temps ou des hommes, — et qui se reporte sur les ailes de l'esprit à la sereine et saine époque où chacun savait vivre avec sa force native et sa conscience intime, dans l'unique adoration de la Beauté, — et où, sur la terre, malgré le mal et les maux inhérents à la nature créée,

« Marchait et respirait *tout* un peuple de dieux ! »

Bien que je relève volontiers la tête sous les curieuses voutes romanes de l'église Saint-Lazare, — en m'affligeant toutefois d'y voir le chef-d'œuvre de notre grand peintre Ingres, le *Martyre de saint Symphorien*, s'enténébrer et s'effriter chaque

---

[1] Sort singulier que celui de nos deux cités : *Autun* et *Lyon*, l'une et l'autre détruites, anéanties en leur plein épanouissement... Lyon surtout, incendiée, dès son premier siècle, et rasée encore cent ans après par Septime Sévère ; toutes les deux furent également dévastées par les Sarrasins.

jour de plus en plus, appendu qu'il se trouve dans les hauteurs d'une muraille humide, où il est presque impossible de rien distinguer... Bien que j'admire surtout, en sortant, à l'angle droit du porche[1], le petit monument, bijou de la Renaissance, *la fontaine de Saint-Ladre*, autour duquel tournoient incessamment des volées d'hirondelles, ivres de joie, dont les longs cris semblent les déchirements de soie de l'azur ; bien que je comprenne et apprécie, également, ce qu'il y a de bon et de beau dans les abris nouveaux de la charité et de la liberté, — je ne puis me retenir de déborder de regrets et de rage, en songeant à tout ce qui n'est plus, comme à tout ce qui est..., et je ne retrouve un peu de calme et de charme qu'en revenant aux premiers jours où une foule ardente acclamaient sur les places, la statue d'or, triomphalement portée, de la douce déesse *Bérécinthe*[2], — comme aux dernières années de Divitiac, qui vit bâtir *Augustodunum*, l'habita, et s'y éteignit glorieusement.

La légende qui désigne, — sur la voie romaine, d'Agrippa (gendre d'Auguste), faisant communiquer Autun et Lyon, — la *Pierre de Couard*,

---

[1] Porche qui me semble encore béant d'horreur après avoir dévoré, au douzième siècle, les merveilleux matériaux de la *Porte des Marbres* !

[2] *La Vénus d'Autun.*

voisine de la ville, au sommet du *Polyandre*, appelé le *Champs des Urnes*, et qu'on prendrait, de loin, dans la brume lumineuse du matin, pour une énorme meule de foin croulante ou entamée, — la légende qui désigne cette mystérieuse masse comme étant le tombeau de Divitiac, n'est qu'une tradition fidèle... Oui, les ossements du grand chef éduen, célèbre entre tous, doivent reposer sous cette haute pyramide, aux larges assises, que revêtait, il y a peu de temps encore, un parement de dalles blanches, et qui a été construite dans le style celtique, — certainement antérieur à l'art romain. Qui sait si ce n'était point en ce lieu même, dans ce site superbe, que s'élevait la demeure de Divitiac vivant ? et qui creusera assez profondément, pour retrouver en dessous et juste au centre du bloc, la pierre étroite et longue qui scelle et cache le squelette sacré du héros gaulois ?

Il fut digne de ce suprême honneur, comme il mérite, maintenant, d'avoir son image de bronze dans les murs d'Autun, au *Champ de Mars*, ou à la *Promenade des Marbres*, car il fut, incontestablement, le protecteur et le sauveur de son pays. C'est à lui qu'on doit, — non la conquête des Gaules par les Romains, — mais la délivrance du joug mille fois plus écrasant des Germains. Par lui, — ennemi d'Arioviste et ami de César, — la pure race éduenne a non seulement échappé à sa perte dans le bourbeux courant germanique, mais la civilisation gauloise a progressé, et une prospérité inouie a acquis son plus haut développement, sous le règne d'Auguste. Sans Divitiac, Autun n'existerait pas ; sans Divitiac, nous ne serions pas nous-mêmes, — nous qui vivons, parlons et écrivons, — ce que nous sommes : *Français!* et comme l'a fait observer le plus judicieux et le plus éloquent de nos historiens modernes, Michelet : « Sans Divitiac, — et sans César, — *la Gaule allait devenir Germanie.* »

Qu'en dites-vous, à présent, Monsieur le Maire, et ne pensez-vous pas que notre République de 1893, — et, avec elle, les édiles et les citoyens d'Autun, doivent leur plus patriotique hommage à l'illustre patriote des temps passés ?

Veuillez, finalement, agréer, Monsieur le Maire, — avec mes humbles efforts, pour y contribuer — l'assurance de mes plus dévoués sentiments.

ARTHUR DE GRAVILLON.

Écully (Rhône), Villa Saint-Pierre, 15 Août 1893.

ERRATUM

Page 25, lignes 14 et 19 :

Lire Litavicus *au lieu de* Livitiacus.

OUVRAGES DU MÊME AUTEUR

MÉDITATION EN CHEMIN DE FER, ou Des Destinées de la poésie dans ses rapports avec l'industrie ... 1 fr.

LA FORTUNE DES CAMPAGNES ou l'Éducation des Abeilles (P. T. Roux) ... 2 fr.

LES VERS A SOIE (P. T. Roux) ... 2 fr.

ÉLÉVATIONS, pensées religieuses ... 2 fr.

J'AIME LES MORTS ... 6 fr.

HISTOIRE DU FEU par une bûche, avec cette épigraphe : *Je brûle, donc je vis !* ... 3 fr.

LES DÉVOTES, 2ᵉ édition ... 2 fr.

DE LA MALICE DES CHOSES, 2ᵉ édition ... 2 fr.

A PROPOS DE BOTTES ... 3 fr.

DIEU POUR TOUS, De la tolérance religieuse universelle ... 1 fr.

DE L'OISIVETÉ INCOMPRISE, Discours de réception à l'Académie des paresseux ... 1 fr.

SUR UNE POINTE D'AIGUILLE ... 2 fr.

TROIS LETTRES AUX MOUTONS DE PANURGE ... 1 fr.

LE POUR ET LE CONTRE ... 1 fr.

RETOUR DE CES DAMES ... 1 fr.

PLAIDOYER POUR DE VIEUX ARBRES, marqués pour l'abatage par la Voirie lyonnaise ... 50 c.

MÉMOIRE contre les Mémoires et pour la Mémoire de l'architecte André de Lyon ... *Gratis pro arte.*

LES SEPT ENFANTS DE LA LOI JAVAL ... 1 fr.

LETTRE A M. LE MAIRE D'ARLES ... 50 c.

LETTRE A M. LE MAIRE D'AIX-LES-BAINS pour la Restauration du Temple de Diane ... 50 c.

LES CLOCHES DE CULLY ... 1 fr.

DEUX LETTRES A M. LE MAIRE DE LYON, découverte d'un buste romain ... 1 fr.

LE ROMAN DE LA FOUDRE, Pièce de vers adressée à M. Casimir Périer, Président de la Chambre des Députés ... 1 fr.

LA MARSEILLAISE DU TRAVAIL ... 50 c.

www.ingramcontent.com/pod-product-compliance
Lightning Source LLC
LaVergne TN
LVHW020048090426
835510LV00040B/1570